Couvertures supérieure et inférieure
manquantes

QUELQUES OBSERVATIONS

SUR

L'ENSEIGNEMENT

PRIMAIRE.

—

Nommé, il y a bientôt trois ans, en 1846, membre du Comité local d'une petite commune du département, j'ai cru accomplir un devoir, en signalant la triste situation de l'enseignement primaire dans les campagnes. Une Révolution populaire nous sépare de l'époque où mes observations premières ont été recueillies et publiées ; mais comme elle n'a pas eu, jusqu'à présent, pour conséquence l'amélioration de l'enseignement donné aux enfants du Peuple, j'ai pensé qu'il n'était peut-être pas sans utilité d'attirer de nouveau, s'il était possible, l'attention publique sur une question qui intéresse essentiellement la moralité et l'avenir du pays.

PAUL CÉRÉ,

Ancien Préfet, ancien membre d'un Comité local d'enseignement primaire, cultivateur à Montevrain (canton de Lagny.)

1849

LES ÉCOLES PRIMAIRES DANS LES CAMPAGNES.

Il est une égalité devant laquelle toutes les écoles de campagne s'inclinent, celle de l'insalubrité des classes.

La plupart des écoles sont mal établies; elles manquent d'air, d'espace et de jour.

Ici l'école se tient dans une grange humide; là, dans une salle basse, espèce de cave dans laquelle on descend par un escalier vermoulu; plus loin, la classe est placée dans les combles de l'église.

Pendant l'été, mais surtout pendant l'hiver, les enfants, comme les esclaves sous le pont d'un négrier, sont entassés dans un local qui n'est jamais en proportion avec leur nombre.

Dès qu'on entre dans une école, on est suffoqué; l'air manque; une odeur infecte, occasionnée par le voisinage de latrines mal tenues, prend à la gorge; s'il fait froid, les écoliers pressés les uns contre les autres, en produisant une chaleur naturelle puante et chargée de miasmes délétères, économisent au maître la dépense du chauffage. Toutes les ouvertures sont hermétiquement closes, et on ne renouvelle pas l'air de la classe; les fenêtres ne sont pas garnies de ventilateurs; de là ces épidémies fréquentes qui attaquent la jeunesse des campagnes. Pendant l'été, au contraire la porte et toutes les fenêtres sont ouvertes, et les écoliers sont exposés à tous les inconvénients des courants d'air.

Ce délabrement général des écoles est un fâcheux symptôme qui prouve le peu d'intérêt que trop souvent les autorités municipales, portent à l'instruction primaire.

Dans les villages composés de quatre à cinq cents âmes, les écoles rurales sont fréquentées pendant l'hiver par cinquante ou soixante élèves; le quart des enfants abandonne la classe dès les premiers jours de l'été.

Dans la composition de l'école, les élèves des deux sexes entrent dans une proportion à peu près égale; on compte encore en France 19,000 écoles où les petits garçons et les petites filles sont simultanément admis. Malgré l'ordonnance qui exige, dans ce cas, la séparation de la classe par une cloison, aucune barrière n'est élevée, et on compterait facilement, eu égard à leur petit nombre, les écoles où les garçons sont séparés des filles.

La réunion des deux sexes dans la même classe a de nombreux inconvénients; pour n'en citer qu'un, la familiarité du jeune âge continuée à l'école se perpétue, et entraîne, souvent, pour les mœurs des très-jeunes gens, des conséquences fâcheuses.

Excepté dans les rares villages qui possèdent des salles d'asile, les parents, presque toujours, envoient leurs enfants à l'instituteur, dès qu'ils ont atteint l'âge de quatre ans, simplement pour s'en débarrasser. De quatre à sept ans, quelquefois jusqu'à huit et à neuf, les écoliers apprennent seulement à épeler, sans jamais qu'on les exerce à écrire; ce n'est que lorsqu'on suppose qu'ils savent lire à peu près couramment, qu'on commence à leur démontrer les premiers éléments de l'écriture; ainsi, ces pauvres enfants, pendant une moyenne de quatre à cinq ans, sont condamnés à rester sur un banc, dans une immobilité constante, oisifs et inoccupés, trois ou quatre heures le matin et autant le soir, excepté pendant les quelques minutes que le maître consacre à les faire lire;

et ce n'est guère que lorsqu'ils sont arrivés à leur septième ou huitième année, que leur instruction commence à être un peu l'objet des soins de l'instituteur ; à onze ou douze ans les élèves sont admis à faire leur première communion, et ils quittent, immédiatement après, la classe pour n'y plus rentrer.

En moyenne, le jeune campagnard passe cinq années sur le banc de l'école, la dernière, tout entière, réservée à la préparation religieuse de la communion, est perdue pour l'enseignement de l'instituteur ; sans vouloir mettre en doute l'importance de l'éducation religieuse, force nous est, pour être juste, de faire remarquer que cette branche de l'instruction primaire enlève encore à l'enseignement du maître d'école, une demi-journée le mardi, autant le samedi, soit une journée par semaine pendant tout le temps de l'éducation ; la classe est, en outre, fermée, dans tout les villages, pendant les jours suivants ; cinquante-deux dimanches, cinquante-deux demi-journées de jeudi, le 1er janvier, trois jours, au moins, de la semaine sainte, le lundi de Pâques, celui de la Pentecôte, le jour de la fête patronale du pays, les anniversaires de l'Assomption, de l'Ascension, de la Toussaint, de Noël ; le jour de la première communion, les lundi et mardi qui précèdent le carême ; le jour des morts ; vingt-cinq jours, au moins, pendant la moisson, et dix lors des vendanges.

Pour peu que l'on fasse l'addition de tout le temps perdu par les élèves, on trouve cent vingt-neuf jours, et en y ajoutant les moment attribués à l'enseignement religieux, perdus pour le maître, le total s'élève à cent soixante-quatorze jours.

Ces vacances profitent ou plutôt nuisent aux élèves qui suivent la classe toute l'année ; mais nous avons dit qu'un tiers ou un quart des écoliers quittent la classe dès les premiers beaux jours ; c'est que la misère ou l'avarice de beaucoup de parents leur fait préférer au peu que chaque enfant apprendrait à l'école, les 30 ou 35 centimes qu'il peut gagner aux menus travaux des champs ; c'est que, pendant les foins, un enfant travaille à fenaison aussi utilement qu'un homme.

L'école chôme encore : chaque fois que le conseil municipal s'assemble dans la classe, soit parce qu'il n'y a pas d'autre pièce communale, soit parce que la chambre est embarrassée, ou qu'on n'y peut faire de feu ; chaque fois que le percepteur, par les mêmes motifs, s'établit, lui aussi, dans la classe, pour y faire sa recette ; toutes les fois que l'instituteur, comme clerc paroissial, assiste à un enterrement, à un mariage, à un baptême ; chaque fois que ses fonctions de secrétaire de la mairie, celles d'horloger de la commune, celles de buraliste des contributions indirectes, ou tout autre enfin, lui prennent les moments qui devraient être exclusivement réservés à ses élèves. Nous venons de dire que le temps perdu par les élèves les plus assidus des écoles s'élevait en minimum à cent soixante-quatorze jours ; il reste donc, par chaque année, cent quatre-vingt-onze jours consacrés à l'enseignement, soit pour les quatre ans, terme moyen de l'écolat, sept cent quarante-huit jours.

Après avoir défalqué du nombre total des écoliers ceux qui ne suivent pas l'école pendant la belle saison, et ceux qui se préparent à la première communion, et en divisant ces sept cent quarante-huit jours entre quarante-cinq enfants, on trouve que le temps accordé pour la démonstration à faire à chaque élève n'est pas de dix-sept jours : dix-sept jours, en quatre ans, pour démontrer à chaque enfant : la lecture, l'écriture, la géographie, l'orthographe et l'arithmétique ! Encore ces dix-sept jours ne sont-ils pas pleinement acquis à l'instituteur, et les parents eux-mêmes forment, très-souvent, obstacle aux progrès que pourraient faire leurs enfants.

La classe s'ouvre le matin, à sept heures ; à huit heures, les élèves commencent à arriver les uns après les autres ; à dix heures, les retardataires se montrent ; mais, y a-t-il, par hasard, quelques commission à faire, la vache à garder, à porter aux champs la nourriture des parents, à y exécuter quelque travail, à surveiller au logis, un frère ou une sœur plus jeune ? l'école a le dessous ; l'utile, chez le villageois, doit passer avant l'agréable ; l'instruction est un objet de luxe.

Le maître ne peut exiger rigoureusement l'exactitude ; s'il se montre trop sévère, les mères s'empressent de lui retirer leurs enfants ; et d'ailleurs, il n'a aucun moyen d'exciter ni d'entretenir l'émulation, nul moyen de récompenser les élèves soumis, exacts, laborieux ; les modes de répression sont dérisoires ; mettre le coupable à genoux, lui attacher au col un écriteau, lui infliger la retenue, toutes ces punitions tombent devant la volonté d'une mère qui envoie chercher son fils, et à laquelle on ne peut le refuser.

La classe du matin commence à peine à huit heures, pour se terminer à onze heures ; celle de l'après-midi dure de une heure à quatre.

Voici comment est réparti, chaque jour, le temps consacré à chacun des enseignements divers : Lecture, 2 heures ; écriture, 2 heures ; arithmétique et calcul décimal, 2 heures ; ortographe et géographie ane demi-heure ; l'enseignement est presque partout individuel ; le mode simultané n'est connu que de nom ; mais en admettant même que ce mode soit usité, on comprend qu'après avoir fait une démonstration générale, le maître doive, ensuite, interroger successivement tous ses écoliers, pour s'assurer que chacun d'eux a profité de la leçon. Résumons-nous, et voyons quels sont les moments que l'instituteur peut individuellement consacrer à chaque élève, dans un jour de classe : lecture 2 minutes et 1/2 ; écriture 2 minutes et 1/2 ; arithmétique et calcul décimal 2 minutes 1/2 ; moins d'une minute pour la géographie, l'histoire et l'orthographe ; et par chaque année, l'écriture, la lecture et l'arithmétique ne peuvent être spécialement enseignées à chaque écolier, plus de huit heures, et la géographie et l'orthographe, plus de trois heures.

Il est certain, quel que soit le système employé, qu'un seul écolier profite à la fois des leçons du maître, celui qui lit à haute voix ; celui dont on censure l'écriture ou l'orthographe, celui qu'on interroge sur l'histoire, la géographie ou l'arithmétique ; les autres élèves sont presque tous inattentifs à la leçon.

Les livres et les exemples, qui servent à l'enseignement, sont assez ordinairement mal choisis.

On emploie trop, peut-être, de livres de piété, ouvrages qui sont hors de la portée des enfants, et qui leur donnent des idées fausses, superstitieuses, et souvent dangereuses ; on emploie trop peu de livres de morale et d'instruction à leur portée ; les exemples d'écriture, et les textes des dictées, sont composés de formules au moins banales, au lieu de contenir des maximes d'hygiène ou de droit civil, qui pourraient plus utilement se graver dans ces jeunes mémoires.

Le voudrait-on croire, la civilité puérile et honnête, ce vieux bouquin enterré, dans les Ecoles des villes, sous le poids des préceptes absurdes et ridicules qu'il trace, est encore entre les mains des écoliers, dans certains villages ; et comme nous adressions quelques observations à un instituteur, sur l'emploi de ce livre ; que voulez-vous, nous répondit-il, si nous changions ces ouvrages pour de meilleurs, M. le curé crierait à l'irreligion et à l'impiété.

Il viendra peut-être à l'esprit du lecteur que le côté pratique de l'enseignement primaire a dû être étudié depuis longtemps, et par les inspecteurs nommés par le ministre de l'Instruction publique, et par les membres des comités locaux ; que les uns et les autres ont aperçu le mal ; qu'ils se sont préoccupés du remède, et que leurs rapports et leurs plaintes, doivent avoir un effet salutaire pour l'enseignement des campagnes.

Nous devons dire, bien que cet aveu nous coûte, que les visites d'inspecteurs laissent beaucoup à désirer ; elles devraient être faites avec une certaine solennité ; elles se font souvent avec précipitation, sans examen approfondi de la situation des écoles, du dévouement des instituteurs, des progrès des enfants ; les inspecteurs, dont le nombre n'est pas en proportion avec celui des écoles, malgré leur zèle et leur bonne volonté, se retirent très-souvent sans avoir une idée précise des besoins de l'école qu'ils viennent de visiter, et des mesures à prendre pour sa prospérité. Ces inspecteurs sont empêchés, par l'excès de leur besogne, de remplir convenablement leur mission ;

Dans la plupart des communes, les comités locaux sont impuissants ou désorganisés ; dans certain village, le comité est ainsi composé : une personne très-capable, mais qui habite Paris et vient trop rarement au village, pour pouvoir s'y acquitter de ses fonctions; quant aux deux autres membres de ce comité, qu'on nous permette de l'affirmer, tout incroyable que le fait paraisse au premier abord, il n'ont jamais su de leur vie, lire pas plus qu'écrire. On trouverait bien cependant dans la commune, des habitants plus éclairés et qui pourraient rendre à l'école des services plus positifs.

A l'heure où nous revoyons ces lignes, le Comité local de notre commune compte encore parmi ses membres, un brave et loyal garçon qui n'a jamais ni lu, ni écrit.

Nous n'hésitons pas à affirmer qu'un grand nombre de comités locaux ne sont pas composés de menbres plus éclairés.

Les comités locaux doivent, aux termes de la loi, se réunir tous les mois; mais le nombre des communes dans lesquelles cette prescription est en vigueur, est assez restreint.

La population adulte des campagnes sait à peine épeler; ceux-là même qui ont croupi plusieurs années sur les bancs de l'école, ne savent pas lire couramment, et ce n'est qu'avec peine qu'on parvient à leur faire signer leur nom d'une manière lisible; c'est que peu d'entre les écoliers sont sortis de l'école sachant quelque chose, et ces élèves émérites eux-mêmes, quelques mois après leur première communion, c'est-à-dire après leur départ de la classe, ont totalement oublié le peu qu'ils avaient appris; on oublie vite à douze ans ce qui ne se présente plus aux yeux qu'à de très-rares intervalles.

Aussi, en présence de ces résultats négatifs, beaucoup de parents, pas assez pauvres pour faire admettre leurs enfants parmi les élèves gratuits, pas assez riches cependant pour se gréver de sacrifices sans utilité, préfèrent, plutôt que de les envoyer, en payant, à la classe, les laisser courir par les rues, et les habituer dès l'enfance, à tous les excès de la paresse et du vagabondage.

Tel père de famille regrette 75 centimes, qu'il lui faut donner par mois, pour l'instruction de son fils, qui dépense au cabaret, les dimanches et les fêtes, deux ou trois fois cette somme

Du reste dans telle commune, où le nombre des enfans, vraiment indigents, est, par exemple de 20, le conseil municipal n'en a compris que 10 sur la liste des élèves gratuits, malgré la loi de 1833, qui a voulu que tous les enfants hors d'état de payer une rétribution scholaire, quel que fût leur nombre, fussent admis à l'école gratuitement.

La rétribution mensuelle est perçue à des tarifs différents, selon les matières enseignées aux écoliers; pour la lecture, c'est le prix le plus modeste; l'écriture élève déjà, d'une manière notable, le prix de l'écolat; aussi, les parents économes, pour ne payer que la rétribution la plus faible, maintiennent leurs enfants dans la classe de lecture le plus longtemps possible, et c'est vraiment pénible de voir ces pauvres petits écoliers, le nez collé sur la croix de Jésus, pendant les six heures que dure la classe, sans aucun profit pour leur instruction.

Les matières qui composent l'enseignement primaire, dans nos campagnes, sont mal choisies; on exige des maîtres qu'ils sachent chanter au lutrin, et on n'exige d'eux la connaissance d'aucune des notions qui pourraient être utilisées avec fruit dans leur enseignement. L'état actuel de l'enseignement est fâcheux à tous égards, au lieu d'éteindre ces plaies, il entretient dans les campagnes le prolétariat et l'indigence ; il en résulte que sur 34 millions d'habitants, la France en compte à peine un trentième sachant convenablement lire ; sur 12 millions de femmes qui vivent en France, il y en a 7 à 8 millions qui ne savent ni lire ni écrire. Il y avait en 1846, 2,550,000 jeunes filles en âge d'aller à l'école ; 1,200,000 n'y allaient pas pendant l'hiver ; 1,650,000 n'y allaient pas pendant l'été ; sur 5,800,000 enfans d'âge à fréquenter les écoles, c'est-à-dire de cinq à douze ans, il n'y en a pas 2 millions qui suivent les classes, 2,811,000 ne reçoivent aucune instruction ; c'est que beaucoup de parents qui n'ont pas été mis à même d'apprécier les bienfaits de l'instruction, la considèrent comme une cause de désunion pour les familles, et craignent de voir leurs enfants les dédaigner s'ils devenaient plus instruits qu'eux, et s'écarter de la routine dans laquelle ils sont eux-mêmes plongés.

L'enseignement primaire, dans les villages, ne s'adresse qu'à la population agricole, à des fils de cultivateurs qui se borneront pendant toute leur vie à labourer la terre, sans jamais peut-être sortir de leur village. Cependant, on ne leur enseigne rien des notions d'agriculture dont la connaissance leur serait utile ; il en résulte que la France, qui possède 53 millions d'hectares de superficie, 22,818,000 en terres labourables, compte à peine un tiers de la population mangeant du pain de froment, lorsque quatre millions d'hectares bien cultivés, semés en blé, suffiraient pour nourrir les 34 millions de Français ; notre pays, faute d'enseignement agricole populaire, ne peut supporter la comparaison avec les pays voisins. L'agriculture qui occupe en Angleterre

13,396 lieues carrées, occupe en France 27,400 lieues, et néanmoins elle produit chez nous un septième de moins que chez nos voisins.

En Angleterre, 13,396 lieues carrées travaillées par 7,500,000 agriculteurs, créent un produit brut de 5,480 millions de fr., soit 40,000 fr. par lieue carrée, et 722 fr. par individu.

En France, 27,400 lieues carrées travaillées par 22 millions de cultivateurs, ne créent qu'un produit brut de 4,500 millions de fr., soit 16,000 fr. par lieue carrée ou 200 fr. par individu.

En Angleterre, la culture du navet *rutabaga* a augmenté le revenu territorial d'un milliard, tandis que la France tire encore annuellement du Piémont et de la Lombardie pour 40 millions de soie qu'elle pourrait récolter sur son sol; et qu'elle tire, en outre, de l'Italie, du Piémont et de l'Amérique, le riz qu'elle pourrait produire en quantité suffisante pour sa consommation.

En définitive, la culture du sol occupe les quatre cinquième de la population; elle fournit la masse des producteurs et celle des consommateurs; c'est la principale source de richesse du pays, et rien cependant n'est fait par l'État en vue de l'instruction des fils de cultivateurs.

L'État donne annuellement 1,400,000 francs de subvention aux théâtres royaux, 17 millions aux divers états-majors, 37 millions pour le culte catholique, 400 millions pour entretenir l'armée sur le pied de paix, et il contribue seulement pour 609,180 francs à l'instruction du peuple.

Enfin, le gouvernement donne annuellement deux millions 113,000 fr. pour l'amélioration de la race chevaline; il ne donne que 609,000 fr. pour l'encouragement de l'enseignement primaire qui tend à l'amélioration de la race humaine. Est-ce donc qu'il estime l'homme trois fois moins que le cheval ?

En mettant en regard ce que l'État dépense pour l'instruction primaire et ce qu'il dépense pour l'instruction destinée aux enfants des familles riches, on verrait que l'État paie la plus grande partie de l'éducation du riche, tandis que le pauvre paie la presque totalité de son instruction ! Le budget de 1847 a porté une augmentationt de 1,176,460 fr. ; pour les besoins de l'instruction publique ; et l'enseignement primaire, sacrifié, comme toujours, ne figure dans ce chiffre que pour 199,500 francs.

L'INSTITUTEUR.

> Quelques esprits, *justement circonspects,* appréhenderont que l'instituteur, en ayant du pain, ait plus d'indépendance.
>
> (M. de Salvandy, exposé des motifs, projet de loi d'avril 1847.

L'instituteur est jeune encore, et déjà ses cheveux commencent à blanchir ; sa taille est voutée ; on voit, cependant, à l'éclat de son œil, que son intelligenc n'a pas perdu sa vigueur ; au village, on l'appelle M. le Maître ; pauvre maître, qui est le serviteur de tout le monde ! Il est l'habitant le plus matinal de la commune ; c'est lui qui, dès la pointe du jour, en toute saison, est chargé de sonner l'Angélus, pour convoquer au travail toute la population ; le soir, sa lumière vacille encore, dans son triste gîte, alors que, depuis longtemps, toutes les lumières sont éteintes dans les chaumières voisines.

Une loi de 1833 a déterminé le minimum du traitement fixe annuel des instituteurs ruraux, à la somme de 200 fr. ; chaque élève, l'indigent reconnu par le conseil municipal excepté, paie une rétribution mensuelle, dont le recouvrement était opéré jusque dans ces derniers temps, par l'instituteur lui-même. Le profit de la rétribution mensuelle varie, cela se comprend, d'après la population du village ; elle produit rarement un chiffre bien élevé, et comme beaucoup de conseils municipaux n'allouent à leur instituteur que le minimum fixé par la loi, il ne faut pas s'étonner que le maître soit obligé, pour vivre, de se créer d'autres ressources, en dehors de l'école.

Ici, le maître d'école porte, chaque jour du dimanche et de fête, de maison en maison, un pot qui contient de l'eau bénite ; chacun des habitants donne au quêteur qui, un liard, les plus riches un sou ! Que dites-vous de ce métier de mendiant, exercé par celui qui est chargé d'exciter parmi la jeunesse, les sentiments de générosité et de dignité personnelle et quelle considération doit-il avoir pour son instituteur l'enfant qui, la veille, lui fit l'aumône d'une pièce de monnaie ?

Pendant quinze jours, dans les villages où il y a des pressoirs pour exprimer les résidus de la vendange, une meule pour écraser des pommes ; l'école chôme, pour que le maître puisse récolter en tournant la roue, la mauvaise bisque et le cidre acerbe qu'il consommera pendant son hiver, et que les habitants lui donnent, non pas en compensation de ses services au pressoir ; mais comme un impôt qu'il leur faut subir, impôt détesté, comme tous les impôts. Le maître d'école est, dans presque toutes les communes, secrétaire de la mairie ; c'est un emploi qui est généralement rétribué, comme 50 fr. par an; nous devons toutefois reconnaître que le secrétariat de la mairie, qui rehausse l'instituteur aux yeux de ses concitoyens, est la seule fonction qui ne nous semble pas absolument incompatible avec son apostolat ; l'instituteur, que son état sédentaire oblige à rester chez lui, est constamment à la disposition des administrés et des administrateurs, et il peut profiter des loisirs de la soirée pour rédiger et préparer, sans aucun dommage pour l'école, les actes et les registres de la municipalité ; c'est encore au maître qu'est dévolue la charge de remonter l'horloge de l'Eglise, et qu'on ne croie pas que ce soit là une sinécure ; la plupart des horloges, construites depuis longtemps, sont en fort mauvais état, et pour les régulariser, le maître est quelquefois obligé de monter au clocher quatre à cinq fois par jour ; il perçoit pour ces ascensions pénibles une rétribution qui bon an, mal an, s'élève de 20 à 30 fr.

Dans une commune considérée comme l'une de celles où l'instituteur est le mieux rétribué, le traitement fixe ne s'élève qu'à 250 fr., la rétribution mensuelle produit difficilement 300 fr. d'un recouvrement difficultueux ; l'horloge donne 30 fr., la mairie 50, la paroisse 200 ; enfin, qui le croirait ? *le bureau des contributions indirectes* 300 fr.

Voyez-vous notre instituteur, fonctionnaire assermenté de la régie, tirant son plus gros traitement, la partie la plus considérable de son revenu *des congés et des acquits à caution* qu'il délivre : voyez-vous l'instituteur, interrompant sa classe, pour aller guetter les délinquants et verbaliser contre eux !

Ici, le maître cumule ; il est, en outre, charron ; là-bas, il est tisserand ou bonnetier, plus loin, tonnellier ou couvreur ; presque partout il s'engage comme mercenaire, dans quelque ferme, pendant le mois d'août, pour y faire la moisson; il fait, en outre, les foins, la vendange, et il n'en est pas plus riche.

Aussi, quand le moment des marcs est arrivé, va-t-il de porte en porte quêter quelques litres de vin ou de bisque; et on lui donne, en outre, quelquefois des grains, du beurre, des œufs et du fromage! On cite un instituteur communal des environs de Péronne, dans le département de la Somme, qui était, il y a peu de temps, chantre, sonneur, greffier de la mairie, épicier, boulanger, charcutier et commissionnaire en vins, en même temps qu'instituteur!

Et ce qui contribue puissamment, entre autres choses, à empêcher beaucoup de jeunes gens de mérite d'accepter la noble profession d'instituteur, c'est que la servitude absolue des fonctions de clerc paroissial les effraie; non-seulement le maître est le serf du maire, de l'adjoint et du conseil municipal; il faut encore qu'il soit l'esclave du curé.

A tout instant du jour, à toute occasion, il faut que l'instituteur se tienne prêt à endosser le surplis pour suivre le curé à l'enterrement, au mariage, au baptême, quitte à laisser chômer l'école pendant son absence.

Et ce dérangement de tous les jours, de tous les instants, ne rapporte, en fin de compte, et pour tout bénéfice, qu'un faible casuel.

Le sort du maître est vraiment à plaindre; malgré tous les titres de fonctions dont il est affublé, c'est à peine si tous les traitements réunis qu'il perçoit, lui permettent de vivre misérablement, de nourrir sa femme et d'élever sa famille; ne croyez pas que la compagne de l'instituteur puisse apporter à la maison, la rémunération de son travail; dans presque tous les villages, elle joint ses efforts à ceux de son mari, et tandis qu'il enseigne les plus grands écoliers, elle se charge de faire observer le silence aux petits enfants qui devraient être à la salle d'asile, si le village était assez riche pour entretenir une institution aussi utile.

N'est-il pas pénible d'avoir à faire de pareilles révélations? il est quelques communes de France, où le salaire de l'instituteur, tout compris, son traitement fixe, le produit des rétributions mensuelles et les profits de clerc paroissial, ne s'élève qu'à 45, 50 et 55 centimes par jour !

La nourriture et l'entretien de chaque forçat du bagne est évaluée, par jour, à 70 centimes ! !

Qu'on ne nous taxe pas d'exagération, voici ce que nous lisons dans l'exposé des motifs qui précède le projet de loi présenté il a dix-huit mois, à la chambre par le ministre de l'instruction publique.

« La France possède aujourd'hui environ 33,000
« instituteurs primaires communaux; la moyenne
« totale des traitements ne s'élève pas à 575 francs;
« en décomposant cette moyenne, on trouve que
« 9,276 instituteurs sont placés dans une situation
« convenable; mais les 23,000 autres étant presque
« toujours pères de famille, n'ont qu'un traitement
« inférieur à 600 fr. »

18,155 n'arrivent pas à 500 fr. de traitement.

11,155 n'arrivent pas à 400 fr.

Enfin, 3,654 n'arrivent pas à 300 fr.

Trois mille six-cent cinquante-quatre instituteurs primaires, tous leurs traitements réunis, ne perçoivent pas trois cents francs par an! moins de 75 centimes par jour !

Il faut avouer que la situation des instituteurs ne s'était guère améliorée en 1848 ; car en présentant, à la dernière session de la Chambre des Députés, un projet de loi relatif à une augmentation du traitement des maîtres d'école, M. de Salvandy, ministre de l'instruction publique, disait : « Les instituteurs de « troisième classe, c'est-à-dire ceux qui exercent « dans les communes autres que les chefs-lieux d'ar- « rondissement ou de canton, n'ont pas en moyenne, « une rétribution supérieure à 454 fr., et voici « comment se répartissent les revenus respectifs de « ces infortunés fonctionnaires publics.

« 3,357 reçoivent moins de 300 f. (Les galériens coûtent
« 6,939 — — 300 à 400 f. autant à l'État.)
« 6,414 — — 400 à 500 f.
« 3,606 — — 500 à 600 f.
« 837 — — 600 à 700 f.
« 678 — — 700 à 800 f.
« 2,169 au-dessus de 800 f.

« Les instituteurs communaux ont deux sortes de « traitement : la rétribution scholaire mensuelle payée « par les élèves, variable suivant le nombre des éco- « liers, et le traitement fixe, rétribution municipale « payée par la commune, et dont le taux minimum « pour toutes les écoles élémentaires est de 200 fr.

« La rétribution mensuelle varie suivant les com- « munes de 40 centimes à 2 fr. ; sa moyenne est « de 1 fr. 50 ; mais dans 8,891 communes elle n'é- « gale pas le traitement fixe.

« 8,056 communes payent l'instituteur avec leurs ressources ordinaires.
« 6,750.............. avec les 3 cent. additionnels.
« 9,891 ont besoin de recourir pour les payer aux subventions des départements.
« 6,830 ont recours à l'assistance de l'État.
« La subvention de l'État au budget de l'Instruc-

« tion publique est (1846) de 606,280 f., les cen-
« times départementaux 1,520,000 f. le chiffre pré-
« levé sur les centimes des communes, 3,879,000 f.
« Les communes donnent, en outre, 5,050,000 f.
« sur leurs revenus ordinaires. La dépense totale du
« traitement fixe des instituteurs communaux, est de
« 9,642,000 fr. ; le produit de la rétribution scho-
« laire dans toute la France est de 12,958,370 f.,
« ces deux chiffres réunis à la subvention de 609,280
« f. donnés par l'État, produit 23,209,650 f. 81 c.,
« une moyenne de 707 f. 48 c. par instituteur ; mais
« comme ceux des villes prélèvent quelques-uns
« jusqu'à 2,700 f., il s'en suit une perte proportion-
« nelle pour ceux des campagnes, dont quelques-uns
« touchent seulement 234 francs. »

Pendant toute la durée de son exercice, on fait au maître une retenue sur ses appointements ; et lorsqu'il a, pendant trente longues années, accompli sa laborieuse profession, on lui remet le montant de cette retenue, quelques centaines de francs, mille francs au plus ; cette faible somme est le seul secours que le vieux serviteur reçoive.

L'instituteur a-t-il pu faire des économies pendant son exercice ? assurément non ; il a eu assez de peine à vivre au jour le jour et à élever sa famille.

Ne croyez pas que les conseils municipaux soient bien miséricordieux. Un maître a soixante ans, sa vue s'affaiblit, son intelligence, sa force morale s'affaissent, ses poumons sont épuisés ; en un mot, ce pauvre maître, après avoir exercé si longtemps ses dignes fonctions dans la commune, est un homme usé, dès-lors inutile ; le conseil municipal le congédie, sans autre forme, et il ne reste le plus souvent alors d'autre ressource au malheureux que la mendicité ou l'hôpital.

Le vieux curé meurt desservant; si les années ont anéanti ses forces et glacé son intelligence, un asile lui est toujours ouvert; les portes du séminaire lui donneront passage; là, au moins, sa vie matérielle est assurée jusqu'à sa mort! Jamais la faim ne lui fera subir ses horribles atteintes.

Pourquoi une telle différence entre le sort réservé à deux fonctionnaires qui ont l'un et l'autre pour mission de rendre l'humanité meilleure? Mais ce n'est pas seulement à leur sortie d'exercice que cette disproportion existe entre le desservant et le maître d'école. M. le curé habite ordinairement un presbytère agréable, planté d'arbres fruitiers, disposé commodément; et lorsque la commune ne possède pas de presbytère, elle loue, pour loger son curé, non pas une des plus simples, mais une des plus élégantes maisons du village. L'instituteur, au contraire, est relégué dans un galetas, ouvert à tous les vents, à côté ou au-dessus de l'école, et on serait désolé s'il était logé plus commodément que le plus pauvre habitant du pays.

Il serait difficile de trouver maintenant, dans les campagnes, un maître n'ayant d'autre logement pour lui et sa famille que sa classe; mais il serait également difficile de trouver un instituteur convenablement logé.

La situation fâcheuse de l'instruction primaire dépend beaucoup de la position faite aux instituteurs ruraux, et si on interrogeait ces fonctionnaires, on en trouverait très-peu qui ne fussent disposés à abandonner immédiatement leur école pour embrasser une autre carrière, s'ils en trouvaient la possibilité.

Il suit de toutes ces misères, que la carrière de l'enseignement primaire est embrassée trop souvent avec répugnance; nous devons cependant reconnaître avec plaisir, qu'un grand nombre d'instituteurs remplissent noblement leur tâche ; mais aussi l'exercice des fonctions hétérogènes qui les appellent si souvent hors de l'école, les mettent dans l'impossibilité de donner à l'enseignement l'organisation et le développement qu'il demande ! Pendant la dernière année de la monarchie, M. Salvandy, ministre de l'instruction publique, présenta à la Chambre un projet de loi destiné à améliorer le sort des instituteurs ruraux ; mais ce projet fut rejeté malgré tous les efforts de M. le ministre et d'un député honorable, M. Boulay (de la Meurthe,) auquel l'instruction primaire doit de sincères remercîments pour ses énergiques protestations d'alors, et pour son dévouement absolu à l'instruction primaire depuis longues années.

Pourquoi ce projet fut-il ajourné ? M. le ministre avait pris lui-même la peine de dire dans son exposé des motifs : « *Quelques esprits, justement circonspects apprehenderont que l'instituteur, en ayant du pain, ait plus d'indépendance, et ne soit plus disposé à entrer en lutte avec le maire, le curé, le préfet et le recteur ?*

Les esprits *justement circonspects* dont parlait M. le ministre étaient nombreux, dit-on, à la Chambre des députés, plus nombreux encore à la Chambre des pairs ; ils ne sont pas moins nombreux dans les campagnes.

Il serait absurde de croire que le clergé français soit, en général, favorable à l'instruction primaire ; nous nous plaisons à reconnaître que quelques ministres de la religion, comprenant toute l'importance de l'instruction pour la régénération du peuple, secondent les instituteurs de tous leurs efforts ; mais le nombre de ces dignes prêtres est restreint, et malheureusement beaucoup d'ecclésiastiques pensent encore que l'instruction a pour but le renversement de la religion ; aussi trouvent-ils qu'elle devrait se borner à l'enseignement de la prière et du catéchisme ; encore, en définitive, bien des curés préféreraient-ils que les enfants ne sussent pas lire.

Il y a mille motifs pour que le desservant soit mal avec l'instituteur ; c'est d'abord que le maître d'école est bien avec le maire ; c'est ensuite que M. le curé, sans tenir école, réunit chez lui les enfants des familles les plus aisées ; les plus pauvres restent seuls à l'instituteur qui s'en plaint avec juste raison, puisqu'on lui enlève ainsi une partie de son traitement.

Dans un grand nombre de communes, c'est le prêtre qui prescrit au maître d'école la leçon de morale qu'il doit faire ; mais presque partout, s'il veut avoir la paix, il faut que l'instituteur courbe la tête et accepte la servitude ; il ne doit agir et penser que par ordre ; nous avons été témoin, dans une petite commune, de deux faits isolés, accomplis par deux curés différents, qui prouvent que la pensée de l'infériorité des instituteurs vis-à-vis d'eux, anime presque tous les membres du clergé.

S'il est trop souvent en butte à l'hostilité patente ou sourde du curé, l'instituteur est-il mieux accueilli par le maire ?

Pas toujours ; ici, le maire illétré est obligé de recourir pour tous les actes de la municipalité aux conseils et à l'expérience du maître d'école ; par ce seul motif, ce maire éprouve un sentiment de jalousie contre son secrétaire, et il cherche les occasions de lui faire sentir le poids de l'autorité qu'il croit avoir sur lui, là-bas le maire a remplacé l'ancien seigneur ; c'est un ignorant qui trône sur le pays et qui craint de voir s'élever, parmi la jeune génération du village, des gens plus instruits que lui ; plus loin, le maire, capable du reste, est trop rarement au village, qu'il habite seulement pendant la belle saison, pour pouvoir donner à l'instituteur un utile concours.

Le conseil municipal n'est pas, lui, en général plus favorable à l'école : tel conseil est unanime pour refuser d'entretenir la classe, parce qu'aucun de ses membres n'a d'enfant à y envoyer.

Les fermiers et les propriétaires ruraux, qui composent, en grande partie, les assemblées municipales emploient aux menus travaux de l'agriculture, et dès leur plus jeune âge, les enfants indigents ; aussi n'estce qu'avec regret, qu'ils les admettent à l'école, en qualité d'élèves gratuits, tant ils craignent de les perdre comme ouvriers.

Le conseiller riche n'envoie pas ses enfants à l'école, il n'est pas par conséquent disposé à voter aucun sacrifice pour l'école.

Si les maires n'en savent pas toujours très-long, beaucoup de conseillers en savent encore moins ; il leur est impossible de noter leur signature sur les registres municipaux, autrement que par une croix ; et ces autorités, qui ne sont pas en état d'apprécier les bienfaits de l'instruction, ne sont nullement disposées à la populariser.

Ils préféreront un maître ignorant, mais bon chantre et horloger habile, à un maître instruit, et il ne faut pas espérer que ces gens-là, peu aisés pour la plupart, soient disposés à faire au maître un sort convenable ; ils le verraient, au contraire, avec déplaisir dans une honnête aisance ; tous sont d'accord maire, curé, conseillers municipaux, pour que l'instituteur soit dans un état d'infériorité vis-à-vis d'eux. « Aussi lorsque M. de Salvandy parla pour la première fois d'élever à 600 fr. par an, le minimum des recettes totales des instituteurs primaires, l'émotion fut-elle générale ; eh quoi ! disaient ceux qui sont aujourd'hui les champions de la liberté, on va faire de l'instituteur un notable, lui créer une position l'élever au rang de fonctionnaire public, jusqu'au niveau du curé ! la hiérarchie allait cesser ; le curé n'aurait plus le chantre pour valet ; le maire n'aurait plus de secrétaire à sa dévotion : non ! point de pareille mesure ; il faut que l'instituteur reste dépendant et misérable, afin qu'il n'acquière pas trop d'influence dans la commune ; il ne faut pas surtout qu'il prenne une position parallèle entre le curé et le maire !

Telles sont les erreurs des populations des campagnes ; il est temps de leur ouvrir les yeux : l'instituteur a une mission des plus saintes à accomplir : celle de rendre les hommes plus instruits et meilleurs, par conséquent, il faut que tous les bons citoyens s'accordent pour lui donner la position honorable sans laquelle il ne peut exercer d'influence salutaire.

Il ne faut plus que le maître d'école soit l'ilote de la commune ; il ne faut plus qu'il soit obligé, pour vivre, de recourir aux quêtes, à la mendicité ; il ne faut plus qu'il soit l'esclave de personne. Qu'il soit secrétaire de la mairie, rien de mieux ; cette fonction peut rehausser son influence aux yeux des habitants du village, tandis que la dépendance du chantre lui fait perdre un temps précieux, et laisser trop souvent l'école en souffrance.

L'ENSEIGNEMENT CONGRÉGANISTE.

On a présenté, comme un remède de nature à améliorer l'état de l'enseignement primaire, dans les campagnes, l'emploi des membres des congrégations religieuses. Déjà, dans quelques villages importants, et dans un grand nombre de villes, les frères de la Doctrine chrétienne, les sœurs de St-Vincent de Paule, ou de toute autre communauté ont été admis comme instituteurs communaux ; sur 28,000 institutrices, 14,000 appartiennent à des corporations religieuses. Leur intervention a-t-elle fait faire un pas à l'instruction primaire? c'est ce que nous ne saurions ni dire, ni croire ; le frère est de sa nature peu communicatif ; il fuit le monde, et nous ne pensons pas qu'il accueille avec empressement un curieux visiteur non revêtu d'un titre officiel ; il faut frapper fort et long-temps avant d'obtenir que la porte d'une école des frères s'ouvre.

Les sœurs ne sont pas sur ce point, de meilleure composition, et il est d'autant plus difficile au vulgaire de pénétrer dans une de leurs maisons, que l'administration prend elle-même le soin de les exempter de toute surveillance efficace, surtout pour peu qu'elles s'attribuent le titre d'institutrices du degré secondaire.

Si les frères admettent à visiter leurs classes les maires et les curés, les sœurs n'admettent que le curé et une mère de famille de la localité où elles exercent ; comment pourrions-nous donc savoir ce qu'on enseigne dans ces écoles? le maire de village, la mère de famille sont la plupart du temps incapables de juger avec défaveur l'enseignement qu'ils ont inspecté, et quant au curé, comment pourrait-il être désagréable à des gens qui sont tout à sa dévotion.

Quelques inspecteurs se sont bien hasardés de temps à autre, à pénétrer dans quelques-unes de ces classes privilégiées ; ils y ont vu de nombreux abus qu'ils ont évité de consigner dans leurs rapports ; ces gens-là tenaient à leur place.

Pour mettre le lecteur à même de juger ce que doit être l'enseignement congréganiste dans les campagnes où il a lieu à l'abri de toute surveillance, nous ne croyons pas pouvoir mieux faire que de montrer ce qu'est à Paris cet enseignement, où la ville qui le paie, exerce sur lui, par ses délégués, une surveillance attentive.

Or, il ne s'est pas écoulé une année depuis dix ans, sans que le comité central d'instruction primaire de Paris n'ait eu à reprendre à l'enseignement congréganiste, et jamais cet enseignement n'a été à la hauteur de celui des laïques ; les frères et les sœurs, malgré les censures énergiques du Comité, se sont toujours acharnés à l'emploi de méthodes et de livres défectueux.

L'emploi des congrégations dans l'enseignement primaire, produit-il une économie aux communes ? Généralement non ; pas plus une économie d'argent qu'une économie de personnel.

Si à Paris, à cause du nombre considérable des écoliers, l'emploi des Frères n'est pas pécuniairement très-onéreux, il n'en est pas de même dans les petites villes et dans les villages. La Congrégation n'envoie jamais moins de trois frères pour tenir une école, et il faut à chacun d'eux un traitement de 600 francs, total 1,800 francs ; pour les deux tiers de cette somme, il n'est pas de pays où l'on ne puisse avoir un excellent instituteur laïque, un père de famille, heureux de gagner 1,200 francs alors que 23,000 de ses collègues n'ont pas les

600 francs qu'on alloue aux frères célibataires.

L'enfant qui fréquente l'école mutuelle à Paris, n'a rien à payer au maître pour fournitures de livres, de papier et de plumes; dans les villages, ces menues fournitures sont faites par l'instituteur sous les yeux et le contrôle de l'autorité communale; il n'en est pas de même chez les frères, et bien que leur congrégation ait été fondée pour donner gratuitement l'instruction élémentaire, on sait toujours se faire payer de manière ou d'autre.

Ce sont d'abord des livres que la congrégation compose elle-même, et qu'elle débite inévitablement à un assez bon prix, à ses 175 mille lecteurs obligés.

Les sœurs ne sont pas moins âpres à la curée lorsqu'il s'agit du commerce des fournitures de bureaux et de la librairie.

Les frères font fabriquer en très-grande quantité et à très-bas prix des livres, des cahiers et autres objets d'école dont ils font un commerce étendu; ils sont tout à la fois, auteurs, libraires, papetiers et maîtres d'écoles; ce cumul leur permet de réaliser des bénéfices énormes, tandis que les instituteurs laïques meurent de faim. A quel chiffre peuvent s'élever ces bénéfices? Le directeur-général pourrait seul répondre au juste à cette question. Cependant, calculons approximativement. On sait que des écoliers achèteront toujours, l'un portant l'autre, au moins pour six francs de livres et de fournitures par an; de sorte que, comme les frères réunissent 200 mille enfants dans leurs écoles, c'est une somme brute de un million 200 mille francs, et si l'on considère la qualité du papier, le grand nombre des exemplaires et l'invariabilité des éditions successives, on conclura qu'ils gagnent net au moins les deux tiers du revenu brut, c'est-à-dire 800 mille francs.

Outre leurs écoles ordinaires, les frères ont des écoles du soir pour les adultes ; et là, ils vendent également les objets nécessaires aux études. Que gagnent-ils avec cet autre ordre d'acheteurs? On peut, sans crainte d'outrepasser la vérité, évaluer le produit net de cette branche de leur commerce à 200 mille francs par an : voilà déjà un million.

Ce n'est pas tout : quelque mauvais que soient les livres de la congrégation, ils sont néanmoins employés par beaucoup d'autres écoles; d'abord, dans celles qui sont tenues par des religieuses ; ensuite les institutrices laïques, pour être agréables à M. le curé, prennent volontiers pour leurs élèves les livres que les congrégations emploient pour les leurs. Ajoutons que beaucoup d'instituteurs privés, et même des instituteurs communaux, sont dans le même cas que les institutrices ; et concluons que cette autre source de profits fait annuellement dans la caisse des Frères un deuxième million.

Une autre source encore de bénéfices se trouve dans les images que la congrégation fait graver et enlumine en nombre considérable.

Les frères dans une école, sont toujours au moins trois, quelquefois quinze et au-delà, vivant en commun, apportant chacun une somme égale, et ne faisant par cette association, qu'une fois pour toutes, certaines dépenses communes, à peu près les mêmes, quel que soit le nombre des individus composant le ménage. Aucun Frère ne possède rien en propre, ne peut rien économiser ni pour lui ni pour sa famille ; on en peut conclure que la congrégation économise chaque année 300 francs sur chaque Frère ; de sorte que, comme il y a 4,290 Frères dans les écoles, d'après les rapports officiels, c'est un bénéfice net de 1,287,000 francs par an. Additionnez maintenant tous ces pro duits : le gain sur le salaire des Frères, la vente des livres, des papiers, tous les genres de commerce, et voyez quelle masse de capitaux entre chaque année dans la caisse de la congrégation.

Ces magnifiques bénéfices permettent à la congrégation des Frères, non-seulement de soutenir, mais encore d'entreprendre la concurrence avec les écoles laïques communales ; c'est surtout dans les campagnes que cette concurrence a lieu avec succès ; pour ruiner l'instituteur laïque, les congréganistes donnent tout pour rien : l'instruction, les livres, le papier ; mais à peine l'instituteur a-t-il fermé sa classe, que les bons religieux savent se rattraper, en se faisant payer avec usure des sacrifices qu'ils ont faits pendant la concurrence.

Sous la Restauration, en 1830, les Frères comptaient 237 maisons, 300 écoles et 86,998 élèves ; aujourd'hui, à Paris seulement, ils instruisent 10,000 enfants et 2,000 adultes ; ils ont en France 416 maisons, 703 écoles ; ils instruisent 175,761 élèves : à quoi il faut ajouter 95 maisons et 149 écoles à l'étranger, ce qui porte le nombre total des élèves de leurs écoles à 220,000. 4,290 Frères sont occupés à l'enseignement.

Partout la congrégation est envahissante.

Si malgré les inconvénients, tous les dangers que nous venons de signaler, l'enseignement des frères était de nature à rendre de grands services à l'instruction populaire, nous hésiterions encore à le combattre ; mais, nous sommes persuadé que l'enseignement congréganiste est plus nuisible qu'utile.

L'autorité supérieure ou communale a une influence directe sur l'instituteur laïque ; une autorité occulte, qui s'interpose entre le maire ou le préfet et l'instituteur congréganiste, paralyse leur surveillance et leur initiative.

Les Frères refusent dans les campagnes d'employer les livres envoyés par l'Université, et ils s'obstinent à ne pas faire connaître aux Académies, leurs nombreuses mutations par lettres d'obédience, d'où il résulte pour le recteur une impossibilité matérielle, de connaître le personnel de leurs établissements.

L'enseignement des Frères est entaché d'actes de superstition qui font perdre aux élèves un temps précieux : de demi-heure en demi-heure, dans les écoles de campagne, on interrompt la classe pour faire la prière, et les enfants se rendent par groupe de trois ou quatre à un prie-dieu isolé, où ils passent huit à dix minutes à dire, à voix basse, un rosaire.

La majorité des Frères, quoi qu'on en dise, ne brille pas par son érudition ; en fait : L'incapacité et la peur du service militaire sont les deux grands moyens de recrutement des congrégations enseignantes d'hommes. Leurs adeptes n'imaginent rien de mieux, pour se soustraire à ce service, que de se vouer à l'instruction primaire ; et ce n'est que parce qu'ils sont incapables, pour la plupart, d'obtenir le brevet de capacité, qu'ils entrent dans les congrégations, où ils servent comme maîtres adjoints. L'Université, toujours faible envers eux, quoiqu'elle soit si mal récompensée de sa faiblesse, a facilité leur combinaison par sa jurisprudence : d'une part, en les admettant à contracter l'enseignement décennal : d'une autre part, en les dispensant du brevet de capacité, ce qui est contraire aux intentions du législateur, et ce qui implique contradiction. Quels instituteurs de la jeunesse que ceux qui ont peur d'être soldats, et devrait-on les dispenser de ce devoir, uniquement parce qu'ils ont tout juste la capacité suffisante pour être sous-maîtres dans une école, ou mieux encore, pour être gardiens dans une maison centrale, ou cuisiniers dans une communauté ?

Nul laïque ne peut donner l'instruction primaire sans être pourvu d'un diplôme de capacité obtenu à la suite d'un examen public, s'il n'est pourvu en outre d'un certificat de moralité délivré par le maire et trois conseillers municipaux de la commune qu'il a habitée pendant les trois dernières années ; le Frère n'a nul besoin de diplôme, ni de certificat de moralité ; il exerce en vertu d'une simple lettre d'obédience délivrée par le supérieur de la congrégation. Le Frère peut être ignare ou immoral ; nul ne le sait, nul ne peut y trouver à redire.

Voilà l'enseignement congréganiste tel qu'il est partout pratiqué ; si l'instituteur laïque tend, par tous ses efforts, à faire de ses élèves des citoyens honnêtes et utiles au pays, les Frères, eux, ne peuvent parvenir à faire que des enfants de chœur, des sacristains et des donneurs d'eau bénite ; ils ne réussissent à former ni de bons travailleurs, ni de bons chefs de famille, ni de bons citoyens ; et cela est tout simple, des hommes étrangers à la vie sociale, ignorants de ses besoins, de ses conditions, de ses devoirs, séparés de leur famille qu'ils ont abandonnée, ne peuvent inspirer à leurs élèves les vertus domestiques, ni leur en donner l'exemple.

Et d'ailleurs, quand on veut faire montrer à son fils les mathématiques ou la peinture, on choisit pour cela un mathématicien ou un peintre ; pourquoi lorsqu'il s'agit de lui enseigner la vie civile, c'est-à-dire ce qu'il a de plus important à savoir, lui donnerait-on un précepteur qui l'a désertée dans sa jeunesse, et qui est rempli contre elle des plus absurdes préventions ! Et comment cela se peut-il faire, lorsque mêlés à l'existence commune et pratiquant sous les yeux de tous, outre les vertus de leur état, celles d'hommes de bien et de bons Français, tant d'instituteurs laïques tiennent des écoles ouvertes à tous venants, aux mêmes conditions que les écoles congréganistes ; c'est vraiment à n'y pas croire !

Voyons donc, en définitive, quels ont été les résultats moraux de l'enseignement congréganiste à Paris.

« Il y avait, en 1847, à la prison de la Roquette, 127 enfants détenus ayant fréquenté les écoles laïques de la ville (écoles mutuelles), et 821 sortant des écoles des frères. Le nombre des élèves est de 5,805 pour les écoles laïques, et de 7,423 pour les écoles congréganistes. Les écoles congréganistes fournissent donc à la Roquette un enfant sur 26,40, tandis que les écoles laïques n'en donnent qu'un sur 45,70.

Les mêmes proportions ont toujours existé dans les statistiques qu'on a pu faire pour les années précédentes.

De ce fait nous ne tirerons pas une conclusion trop générale ni trop rigoureuse. Mais c'est accorder assez, ce nous semble, que de mettre les deux espèces d'écoles sur le même pied. Les frères ne forment pas de pires élèves que les instituteurs laïques ; mais ils n'en forment pas non plus de meilleurs : soyons complaisants jusque-là.

CE QU'IL Y AURAIT A FAIRE.

La première chose à faire dans l'intérêt de l'enseignement primaire, c'est d'améliorer la situation matérielle des instituteurs. Il faut d'abord leur donner du pain !

L'Assemblée nationale vient de fixer le minimum du traitement des maîtres à 550 francs ; cette somme peut être suffisante loin de la capitale, dans les départements où la vie est à bon marché ; elle ne peut suffir dans le voisinage de Paris, où les charretiers et tous les journaliers employés à l'agriculture reçoivent généralement un salaire qui dépasse 600 francs.

Le traitement fixe de l'instituteur doit lui permettre de vivre honorablement, car il ne peut plus percevoir de rétribution mensuelle ; sous la République, l'enseignement populaire ne pouvant être que gratuit, et toute profession, toute fonction autre que celle du secrétariat de la mairie, devant être interdite à celui dont tout le temps appartient aux écoliers.

De tous les fonctionnaires, les instituteurs sont sans contredit les plus utiles ; ils doivent former pour l'état des citoyens, des hommes libres, ils ont droit à une retraite qui leur assure une existence possible, lorsque l'âge ou les infirmités ne leur permettent plus d'enseigner.

La place de maître d'école, dans la commune, est entre le maire et le curé ; il exerce la magistrature morale comme le premier exerce la magistrature civile, le second la magistrature religieuse.

L'État paie le traitement fixe des professeurs de facultés et des desservants, c'est donc à lui qu'il appartient de payer les appointements des instituteurs primaires communaux. Si le budget communal supportait les frais de fourniture de papiers et de livres, l'enseignement devenu tout-à-fait gratuit, les parents indifférents ou hostiles à l'instruction, n'auraient plus de prétexte avouable pour ne pas envoyer leurs enfants à la classe ; il est certain cependant que bien des parents préféreront encore faire travailler leurs fils ou leurs filles, parce que cela rapporte, et que dès l'ouverture des travaux des champs l'école deviendra toujours déserte ; mais on pourrait parer, jusqu'à un certain point, à cet inconvénient en étendant aux travaux agricoles la loi qui régit le travail des enfants dans les manufactures.

La Convention nationale punissait d'une amende et de la privation des droits civiques, les tuteurs ou pères de famille qui n'envoyaient pas leurs enfants ou pupilles à l'école primaire ; en définitive cette sévérité n'était pas contraire à la liberté, car s'il n'est pas permis à un père de tuer, de mutiler ou de frapper son enfant, il ne peut pas lui être permis de lui causer un mal moral non moins terrible qu'un mal physique, en le laissant dans l'ignorance, cette source de toutes les misères. Sans être trop rigoureux et pour exciter l'émulation des familles, le gouvernement ne devrait-il pas déclarer que celui qui ne sait ni lire ni écrire ne peut être maire, adjoint, électeur, conseiller municipal, membre de la fabrique, officier de la garde-nationale ; les illétrés ne pouvant être que nuisibles en concourant au gouvernement de la République.

L'enseignement de l'école primaire doit être modifié, quant aux méthodes, quant aux matières enseignées ; l'enfant, l'adulte doivent apprendre, à connaître leurs droits et leurs devoirs politiques et sociaux.

Au lieu d'être exercés à la lecture, dans des livres où l'absurdité le dispute souvent à l'ignorance, les élèves devraient être exercés à lire dans des ouvrages capables de leur faire aimer leur pays, admirer le courage, la vertu, les beaux dévouements, les grandes actions. La science élémentaire agricole, l'hygiène domestique, les éléments de l'art vétérinaire et de l'horticulture profitable, ce que la chimie et la physique enseignent de plus applicable à la culture de la terre, voilà les matières qui devraient composer l'enseignement primaire des campagnes ; car il faut que le maître puisse, par la variété et l'utilité de ses leçons, dispenser les écoliers d'aller chercher une instruction complémentaire dans les villes, dont le séjour a le grave inconvénient de changer leurs idées par de nouvelles habitudes, et de les détourner des travaux des champs.

La classe d'adultes aussi gratuite, pourrait être ouverte pendant six mois de l'année ; la gratuité amenerait, pendant de longues soirées d'hiver, un grand nombre de jeunes gens à venir apprendre du maître d'école, leurs droits et leurs devoirs comme chefs de famille, comme électeurs, citoyens, gardes nationaux, conseillers municipaux et jurés.

Si, dans un état despotique, les sujets peuvent être sans inconvénient pour le souverain, ignorants, ilotes et serfs ; il importe beaucoup, sous la République, que tous les citoyens connaissent le mécanisme du corps social ? et qui les instruirait dans les campagnes n'était l'instituteur ? il doit faire comprendre aux adultes que l'état de cultivateur convient mieux que tout autre aux hommes forts et libres, que l'agriculture sera bientôt rendue moins pénible et plus lucratives en associant l'intelligence et la force.

Il leur fera connaître ce fait : le travail et le pain manquent quelquefois aux ouvriers des villes, il ne manquent jamais à celui qui n'abandonne pas la terre.

L'éducation religieuse doit être distraite des fonctions de l'instituteur, s'il lui appartient de faire des citoyens, de bons français, d'honnêtes gens, c'est le devoir de chaque pasteur d'initier les enfants à la croyance de leurs pères. C'est le curé qui doit enseigner le catéchisme une ou plusieurs fois par semaine, sans anticiper sur les heures d'étude qui appartiennent au maître. A Paris, le catéchisme des paroisses a lieu le dimanche dans la matinée, le jeudi dans l'après-midi, excepté à l'approche de la communion, quand on fait trois leçons par semaine.

Chaque commune devrait posséder une bibliothèque publique, contenant, outre les livres de la mairie, des ouvrages choisis, à l'usage des écoliers, des adultes, de l'instituteur, et de tous les habitants du village. Les bonnes lectures permettraient au travailleur de compléter son éducation à tout âge ; elles le dépouilleraient des préjugés nuisibles et le délasseraient agréablement de ses travaux journaliers. Il va sans dire que le maître serait de plein droit bibliothécaire.

Il nous paraît avant tout, nécessaire d'établir pour toute la France l'uniformité de l'enseignement, en divisant toute fois les matières, suivant que l'instruction est destinée aux enfants des villes ou à ceux des campagnes. Mais pour organiser l'enseignement modèle, uniforme, pour donner à l'enseignement primaire une impression convenable, il serait nécessaire de fonder un congrès, un conseil général composé de citoyens éminens et dévoués, devant lesquels seraient portées toutes les questions qui intéressent l'instruction du pays.

Nous le disons encore en terminant ces quelques pages, l'intérêt de la société et des familles, la sûreté même du gouvernement exigent que l'enseignement primaire, ce grand moyen de moralisation du pays, devienne véritablement efficace.

Meaux. — Imp. A. CARRO.

www.ingramcontent.com/pod-product-compliance
Ingram Content Group UK Ltd.
Pitfield, Milton Keynes, MK11 3LW, UK
UKHW022354120726
13694UKWH00005B/1877